This Journal Belongs To:

_____

_____

_____

Scripture

I Am Grateful For

Prayer Requests

Scripture

I Am Grateful For

Prayer Requests

Scripture

I Am Grateful For

Prayer Requests

Scripture

I Am Grateful For

Prayer Requests

Scripture

I Am Grateful For

Prayer Requests

Scripture

I Am Grateful For

Prayer Requests

Scripture

I Am Grateful For

Prayer Requests

Scripture

I Am Grateful For

Prayer Requests

Scripture

I Am Grateful For

Prayer Requests

Scripture

I Am Grateful For

Prayer Requests

Scripture

I Am Grateful For

Prayer Requests

Scripture

I Am Grateful For

Prayer Requests

Scripture

_____
_____
_____

I Am Grateful For

_____
_____
_____
_____
_____

Prayer Requests

_____
_____
_____
_____
_____
_____
_____
_____

Scripture

I Am Grateful For

Prayer Requests

Scripture

I Am Grateful For

Prayer Requests

Scripture

I Am Grateful For

Prayer Requests

Scripture

I Am Grateful For

Prayer Requests

Scripture

I Am Grateful For

Prayer Requests

Scripture

I Am Grateful For

Prayer Requests

Scripture

I Am Grateful For

Prayer Requests

Scripture

I Am Grateful For

Prayer Requests

Scripture

I Am Grateful For

Prayer Requests

Scripture

I Am Grateful For

Prayer Requests

Scripture

I Am Grateful For

Prayer Requests

Scripture

I Am Grateful For

Prayer Requests

Scripture

I Am Grateful For

Prayer Requests

Scripture

I Am Grateful For

Prayer Requests

Scripture

I Am Grateful For

Prayer Requests

Scripture

I Am Grateful For

Prayer Requests

Scripture

I Am Grateful For

Prayer Requests

Scripture

I Am Grateful For

Prayer Requests

Scripture

I Am Grateful For

Prayer Requests

Scripture

I Am Grateful For

Prayer Requests

Scripture

I Am Grateful For

Prayer Requests

Scripture

I Am Grateful For

Prayer Requests

Scripture

I Am Grateful For

Prayer Requests

Scripture

I Am Grateful For

Prayer Requests

Scripture

I Am Grateful For

Prayer Requests

Scripture

I Am Grateful For

Prayer Requests

Scripture

I Am Grateful For

Prayer Requests

Scripture

I Am Grateful For

Prayer Requests

Scripture

I Am Grateful For

Prayer Requests

Scripture

I Am Grateful For

Prayer Requests

Scripture

I Am Grateful For

Prayer Requests

Scripture

I Am Grateful For

Prayer Requests

Scripture

I Am Grateful For

Prayer Requests

Scripture

I Am Grateful For

Prayer Requests

Scripture

I Am Grateful For

Prayer Requests

Scripture

I Am Grateful For

Prayer Requests

Scripture

_____
_____
_____

I Am Grateful For

_____
_____
_____
_____

Prayer Requests

_____
_____
_____
_____
_____
_____
_____

Scripture

I Am Grateful For

Prayer Requests

Scripture

I Am Grateful For

Prayer Requests

Scripture

I Am Grateful For

Prayer Requests

Scripture

I Am Grateful For

Prayer Requests

Scripture

I Am Grateful For

Prayer Requests

Scripture

I Am Grateful For

Prayer Requests

Scripture

I Am Grateful For

Prayer Requests

Scripture

I Am Grateful For

Prayer Requests

Scripture

I Am Grateful For

Prayer Requests

Notes

Made in the USA
Monee, IL
29 March 2022